ANALIZA KSIĄŻKI

AF156523

If Only It
Were True

· · · · · · · · · · · · · ·

Marc Levy

ANALIZA KSIĄŻKI

Napisany przez Elena Pinaud
Przetłumaczony przez Kâmil Kowalski

If Only It Were True

MARC LEVY

MARC LEVY

FRANCUSKI AUTOR

- **Urodził się w 1961 roku w Boulogne-Billancourt (Francja)**

- **Godne uwagi prace:**

  - *Złodziej cienia* (2010), powieść

  - *Dziwna podróż pana Daldry'ego* (2011), powieść

  - *Silniejszy od strachu* (2013), powieść

W wieku 18 lat, Marc Levy dołączył do Czerwonego Krzyża jako pracownik pierwszej pomocy, jednocześnie studiując zarządzanie i informatykę w Paryżu. Następnie stworzył własną firmę importową we Francji, po czym przeniósł się do USA i założył dwie firmy CGI. Sześć lat później zrezygnował i założył w Paryżu firmę architektoniczną, która stała się jedną z najlepiej prosperujących we Francji.

Po wielkim sukcesie swojej pierwszej powieści *If Only It Were True* (2000), która spędziła 70 tygodni na listach bestsellerów, Levy zaczął pisać na pełen etat. Od tego czasu napisał kilka innych powieści, z których wszystkie stały się bestsellerami we Francji i osiągnęły międzynarodową popularność.

IF ONLY IT WERE TRUE

MEDYTACJA O ŻYCIU

- **Gatunek:** powieść
- **Wydanie referencyjne:** Levy, M. (2005) *If Only It Were True*. Trans. Leggatt, J. New York: Atria Books.
- Pierwsze **wydanie:** 2000 r.
- **Tematyka:** miłość, śmierć, duch, eutanazja, dusza, pamięć

If Only It Were True to oryginalna, wzruszająca historia miłosna o młodym architekcie i duszy młodej kobiety, która zapadła w śpiączkę. Ta niezwykła nadprzyrodzona przygoda jest również refleksją na temat miłości, życia, śmierci i niechęci współczesnego świata do duchowości, co z kolei zachęca czytelnika do głębszego zastanowienia się nad sensem istnienia.

Mocną stroną powieści jest transcendentalny charakter jej historii (co oznacza, że rozgrywa się ona poza sferą konkretu), realistyczny opis świata medycyny i amerykańskiego społeczeństwa oraz przeplatające się fragmenty narracji, wiarygodne dialogi i listy. W 2005 roku amerykański reżyser, producent i scenarzysta Mark Waters (ur. 1964) dokonał adaptacji powieści na potrzeby kina pod tytułem *Just Like Heaven*.

STRESZCZENIE

Lauren Kline, młoda rezydentka amerykańskiego szpitala, zostaje ciężko ranna w wypadku samochodowym latem 1996 roku. Chociaż dwóch ratowników medycznych, którzy przyjeżdżają na miejsce zdarzenia, stwierdza zgon, chwilę później dziewczyna zaczyna ponownie oddychać, wprawiając w osłupienie policjantów, którzy mają za zadanie przetransportować jej ciało.

Zostaje przewieziona do szpitala, gdzie jej szef Fernstein stwierdza, że jest w śpiączce i ustała aktywność mózgu. Jeden z nich mówi mu, że "za otwartymi oczami Lauren wyczuwał jej zmagania, odmowę zejścia pod ziemię" (s. 20). W rzeczywistości dusza Lauren została w jakiś sposób oddzielona od jej ciała i obserwuje tę scenę, ale nie jest w stanie nic zrobić ani z nikim się porozumieć.

Artur, młody architekt, który niedawno przeprowadził się do San Francisco, odkrywa w szafie w swoim mieszkaniu kobietę (która jest zaskoczona, że może ją widzieć). Jest to duch Lauren Kline, która mieszkała w mieszkaniu przed nim. Mówi mu, że przez ostatnie pół roku była w śpiączce, ale nadal słyszy wszystko wokół siebie i, jeśli przyłoży do tego swój umysł, może się przemieszczać, gdzie tylko zechce.

"Wszystko było w jej zasięgu, ale niemożliwe do uchwycenia" (s. 71): jej rodzina nie może jej zobaczyć, a ona za nimi tęskni. Znużona, wróciła do swojego mieszkania, którego nadal jest właścicielką, choć matka ma prostować wszystkie administracyjne szczegóły. Artur nie reaguje dobrze na jej pojawienie się i każe jej iść do domu, ale ona mówi mu, że jest jej "pośmiertnym lokatorem" (s. 33).

Artur jest zdezorientowany i myśli, że Lauren jest szalona, więc postanawia zabrać ją do szpitala. Kiedy widzi pozbawione życia ciało młodej kobiety, myśli, że kobieta, z którą jest, musi być siostrą bliźniaczką Lauren. Jednak zachowanie pielęgniarki daje do zrozumienia, że nikt inny nie widzi Lauren, więc zaczyna jej wierzyć i chce jej pomóc, gdy zmaga się ze swoim lękiem przed śmiercią. Jego celem jest ponowne połączenie jej duszy z ciałem, dlatego rozpoczyna badania nad śpiączkami. Lauren nie rozumie, dlaczego zadaje sobie tyle trudu, a odpowiedzi, jakich jej udziela, są niejasne: mówi jej po prostu: "nie dajesz mi wyboru" (s. 73). Opowiada jej również o śmierci swojej matki Lilian, kiedy był dzieckiem i o tym, jak głęboki wpływ miało to na niego.

Sekretarka Artura i jego partner biznesowy Paweł uważają, że musi on mieć depresję, ponieważ wygląda na zagubionego i wydaje się, że zaczął rozmawiać z kimś, kogo nie widzą.

Artur i Lauren, których łączy chęć znalezienia rozwiązania sytuacji, zbliżają się do siebie, a ona w końcu mówi mu, że lekarze przekonali jej matkę, że eutanazja jest dla niej najlepszym rozwiązaniem. Artur nie chce jej stracić, więc podaje się za przyjaciela Lauren i próbuje przekonać jej matkę do zmiany zdania. Ta opowiada mu, jak bardzo kocha córkę i jak bardzo boli ją to, że już nigdy nie będzie aktywna, dlatego chce pozwolić, by jej życie dobiegło końca.

Po nieudanej próbie zmiany zdania matki Lauren, Artur formułuje plan kradzieży jej ciała ze szpitala i opiekowania się nim przez siebie. Udaje mu się dostać w swoje ręce dwa zestawy scrubs i prosi swojego przyjaciela Paula, aby ukraść karetkę, mówiąc mu wszystko o Lauren w procesie: "Ona jest piękna, Paul, i jest zabawna, i dowcipna, i rozmawiamy o wszystkim. Jasne, czasem się nie zgadzamy i kłócimy, ale wyrosła między nami niesamowita czułość. Czuję się przy niej jak w domu" (s. 119). Paul odpowiada: "Myślę, że właśnie powiedziałeś jej, że jesteś zakochany" (s. 120), ponieważ domyśla się, że jej duch musi być tam z nimi.

Kiedy docierają do szpitala, Artur podaje się za lekarza, który jest tam po to, by przetransportować ciało Lauren, a pielęgniarka mu wierzy. Kiedy prosi go o pomoc w uratowaniu pacjenta, który ma atak serca, nie ma odwagi powiedzieć jej prawdy, ponieważ zagroziłoby to jego planowi. Z pomocą Lauren, która nie zapomniała o żadnym ze swoich medycznych szkoleń, udaje mu się uratować życie pacjenta.

Z pomocą Paula, Artur zabiera ciało Lauren z powrotem do swojego mieszkania, a następnie do domu przy plaży, który odziedziczył po matce. Myślami wraca do ostatniego razu, kiedy był z matką, gdy był jeszcze tylko dzieckiem, oraz do samotnych lat w szkole i na uniwersytecie. Po przeczytaniu listu od niej, w którym przestrzega go przed spędzeniem życia na słuchaniu głowy, a nie serca, tak jak ona to robiła ("Bałam się zakłócić ustalony porządek rzeczy i zacząć wszystko od nowa – bałam się, że to się nie uda, że to wszystko było tylko snem. Ale nie przyznanie się do mojej miłości do Anthony'ego było koszmarem", s. 161), w końcu zdobywa się na odwagę, by powiedzieć Lauren, co czuje.

Tymczasem inspektor Pilger, który otrzymał zadanie wytropienia ciała Lauren, kontynuuje swoje śledztwo. Ma dwa tropy: pierwszy związany jest z karetką, która kilkakrotnie krążyła wokół bloku Artura, a drugi dotyczy architekta, o którym wspominała matka Lauren i który jest przeciwnikiem eutanazji. Wnioskuje zatem, że za porwaniem musi stać Artur.

Udaje się do Carmel na wybrzeżu Kalifornii, gdzie młody człowiek, któremu grozi do pięciu lat więzienia, wszystkiemu zaprzecza. Jednak w chwili, gdy Pilger ma zamiar odejść, duch Lauren otwiera drzwi do biura, w którym znajduje się jej ciało, dzięki czemu widzi, że wciąż żyje. Arturowi nie pozostaje nic innego, jak przyznać się do winy.

Pilger jest poruszony jego historią i zabiera ciało z powrotem do szpitala, nie mówiąc nikomu, kto je zabrał: "Nie obchodzi mnie, dlaczego to zrobiłeś. Odwaga polega na robieniu tego, co uważasz za najlepsze, kiedy przychodzi czas działania, bez zastanawiania się nad konsekwencjami" (s. 216). Artur i Lauren wracają do swojego mieszkania w San Francisco, by oczekiwać na eutanazję, która teraz może się odbyć.

Tymczasem para, która stała się "kochankami, przyjaciółmi, towarzyszami na całe życie" (s. 218), nadal wykorzystuje każdą sekundę. Trzy miesiące później Lauren budzi Artura, by się z nim pożegnać, ponieważ nastąpiła eutanazja. Na wieść o tym mdleje, a po przyjściu do siebie pozostaje zamknięty w swoim mieszkaniu przez kolejne dni. Z izolacji wyrywa go jednak telefon od Pilgera. Okazuje się, że Lauren wyszła ze śpiączki dziesięć dni temu, ale nie może mówić ani poruszać kończynami. Artur idzie więc codziennie siedzieć przy jej łóżku. Gdy w końcu udaje jej się mówić, pyta go, kim jest. Uwolniony i głęboko zakochany Artur chce opowiedzieć jej ich historię, ponieważ jest "jedyną osobą na świecie, która może podzielić się moją tajemnicą" (s. 229).

STUDIUM POSTACI

ARTUR

Artur to młody architekt, który został osierocony w wieku dziesięciu lat. Miał samotne dzieciństwo i dorastanie, ale znalazł pocieszenie we wspomnieniach o swojej matce. Studiował w USA i Europie, a następnie otworzył firmę architektoniczną ze swoim przyjacielem Paulem. Odniósł sukces zawodowy i z pasją oddaje się swojej pracy. Ponieważ w okresie dorastania nie było przy nim ojca, to właśnie matka przygotowała go do stawienia czoła wyzwaniom życia i starała się wpoić mu pozytywne wartości:

> *"Wykorzystując kawałki nauk Lili, składał w całość postawy, gesty, nieubłaganie logiczny umysł. Artur był dzieckiem o wyrównanym temperamencie i takim pozostał jako nastolatek, dodając do tego niezwykle ostrą zdolność obserwacji. " (p. 144)*

Być może to właśnie przywiązanie do swojej zmarłej matki, która była dość uduchowiona, pozwala Arturowi zobaczyć duszę Lauren i porozumieć się z nią. Próbuje połączyć ciało i duszę młodej kobiety pomimo pozornej irracjonalności i absurdalności tego zadania, ponieważ chce zrobić coś wartościowego ze swoim życiem. To pragnienie staje się jasne, gdy opowiada Lauren o lekarzu, który przywrócił wzrok niewidomej przez całe życie dziewczynce i o szczęściu, jakie odczuwał lekarz, gdy dziewczynka po raz pierwszy zobaczyła swoją matkę. Artur podziela to samo źródło empatii: widzi wartość w pomaganiu ludziom, niezależnie od tego, kim są.

Do chęci pomocy przyczynia się również fakt, że nie mógł pomóc swojej matce, gdy umierała na raka: "'Powinienem był zostać lekarzem'. [Artur powiedział do Lauren] 'Dlaczego nim nie zostałaś?' 'Bo moja mama umarła za wcześnie'" (s. 80). Jest osobą bardzo uduchowioną i nie stroni od niezwykłych doświadczeń, co widać w jego miłości do bezcielesnej duszy i determinacji, by ją uratować. Spotkanie z Lauren nadaje jego życiu sens.

LAUREN

Lauren Kline ma około 30 lat, jest genialną rezydentką w San Francisco Memorial Hospital i kocha swoją pracę. Po wypadku samochodowym zapada w śpiączkę. Podczas gdy jej ciało pozostaje w szpitalu, jej dusza wraca do mieszkania, które obecnie wynajmuje Artur. Jest zaskoczona, gdy okazuje się, że on może ją zobaczyć.

Na początku relacje między dwiema nowymi "współlokatorkami" są nieco napięte. Lauren jest uparta, przebojowa i sarkastyczna, nie boi się postawić na swoim: "Po prostu zamknij się i zamknij oczy. W ten sposób nie będziemy musieli spędzić tu nocy" (s. 32). Kiedy zdaje sobie sprawę, że nieprawdopodobna sytuacja Lauren jest jak najbardziej realna, Artur postanawia pomóc jej duszy połączyć się z ciałem, a następnie uratować ją przed eutanazją. Oboje przechodzą następnie drogę od współlokatorów, przez sprzymierzeńców do kochanków.

Ten rozwój wydaje się nieunikniony od ich pierwszego spotkania, kiedy Artur opisuje ją mówiąc: "Masz pełne usta, bladą skórę, przyjemną twarz, której słodycz całkowicie kontrastuje z twoim zachowaniem. Twoje włosy są trochę w nieładzie i przydałoby się je dobrze wyczesać, ale mają całkiem ładny kolor" (s. 34). Podczas gdy Artur pomaga Lauren, ona również pomaga jemu, ponieważ pozwala mu zmierzyć się z jego przeszłością, a w szczególności ze śmiercią matki, kiedy był dzieckiem.

LILIAN

Lilian to matka Artura. Była zamożną kobietą i choć po cichu poddała się rakowi, nie mając szansy pożegnać się z synem, przed śmiercią poczyniła ustalenia dotyczące jego edukacji oraz przyszłości finansowej i społecznej. Nawet po śmierci nadal komunikuje się z nim i oferuje mu swoje wsparcie poprzez listy, które albo ukryła, albo przekazała różnym osobom (dyrektorce szkoły Artura, rodzinnemu notariuszowi, wiadomości ukryte w skrzynkach w domu w Carmel itp.), aby mógł je przeczytać w ważnych momentach swojego życia.

Była bardzo odważną kobietą, ale jej niezłomne oddanie mężowi (który ją zostawił) doprowadziło do tego, że odepchnęła swojego przyjaciela Anthony'ego, mimo że ten naprawdę ją kochał i mogliby być razem szczęśliwi. Kiedy Artur czyta list od matki, w którym ta przyznaje się do tego, postanawia powiedzieć Lauren, że ją kocha. Zamiłowanie do duchowości i odwagę w poruszaniu się w świecie duchów Artur odziedziczył również po matce, która uczyła go o miłości, śmierci i przetrwaniu:

"I posłuchaj mnie – gdybym wpadł do wody, nie wskoczyłbyś od razu na ratunek, bo to byłoby głupie. Zrobiłbyś tak: wyciągnąłbyś rękę, żeby zobaczyć, czy możesz mi pomóc wrócić na pokład. Jeśli nie mógłbyś, a ja utonąłbym, wiedziałbyś, że próbowałeś. Miałbyś spokój ducha. Nie

PAUL

Paul jest partnerem biznesowym i najlepszym przyjacielem Artura. Poznali się, gdy Artur pracował w Muzeum Sztuki Nowoczesnej, a następnie założyli razem firmę architektoniczną. Jest zabawny i bardzo lojalny, a na początku martwi się o zdrowie psychiczne swojego przyjaciela. Kiedy Artur mówi mu o Lauren, nie zastanawia się dwa razy nad kradzieżą karetki i popełnieniem poważnych przestępstw (zwłaszcza kradzieży ciała Lauren) tylko po to, by pomóc przyjacielowi, nawet jeśli nadal wątpi w istnienie ducha.

Zna Artura bardzo dobrze i jako pierwszy zdaje sobie sprawę, że ten zakochał się w Lauren. Z biegiem lat obaj mężczyźni stali się stałymi przyjaciółmi: "Każdy z mężczyzn czuł się komfortowo i był pewny swojej roli, a w ciągu pięciu lat partnerstwa nigdy nie było między nimi nawet cienia konfliktu. Byli nierozłączni" (s. 134).

INSPEKTOR PILGER

George Pilger jest śledczym w wydziale sprawiedliwości kryminalnej i po 30 latach spędzonych w zawodzie zbliża się do emerytury. Uchodzi za szorstkiego, lubiącego przyjemności i upartego, a jego poczucie humoru potrafi wpędzić go w kłopoty. Kiedy idzie przesłuchać Artura w sprawie zaginięcia ciała Lauren, przekonuje się, że śledzi każde słowo młodego człowieka, kiedy ten opowiada o swojej karierze architekta. Między nimi rodzi się pewnego rodzaju porozumienie, do tego stopnia, że Artur zdradza Pilgerowi sekret Lauren.

Po ich rozmowie mężczyzna, którego Artur nigdy wcześniej nie spotkał, uznaje jego zachowanie za honorowe i postanawia go kryć, dopilnowując, aby sprawa została zamknięta. Jest on również osobą, która mówi Arturowi, że Lauren obudziła się ze śpiączki. Poprzez postacie Paula i inspektora Pilgera, Levy przedstawia wyidealizowane wyobrażenie o przyjaźni.

ANALIZA

WSPÓŁCZESNA BAJKA

Bajki wywodzą się z tradycji ludowej i początkowo były przekazywane ustnie. Gatunek ten zyskał większe uznanie i prestiż, gdy opowieści zostały spisane przez takich autorów jak Charles Perrault (francuski pisarz, 1628-1703) w XVII wieku, Gabrielle-Suzanne Barbot de Villeneuve (francuska powieściopisarka, 1695-1755) w XVIII wieku i bracia Grimm (niemieccy językoznawcy, filolodzy i kolekcjonerzy baśni) w XIX wieku. Sukces ich baśni przyczynił się do ustalenia trwałych cech gatunku, a mianowicie:

- podział bohaterów na łatwo identyfikowalne kategorie "dobra" i "zła";

- obecność elementów fantastycznych, z niezwykłymi postaciami, których istnienia się nie kwestionuje;

- szczęśliwe zakończenie, które oznacza koniec rozwoju głównych bohaterów.

Levy określił *If Only It Were True* jako współczesną baśń i wiele elementów potwierdza to twierdzenie.

Pierwszą postacią, którą poznajemy jest Lauren, która jest niewidzialna dla wszystkich poza Arturem, którego nie zna. Objawienie to jest elementem fantastycznym, jedną z charakterystycznych cech gatunku baśni.

Lilian, która zmarła wiele lat przed rozpoczęciem opowieści, również może być postrzegana jako postać fantastyczna, bo choć nie żyje, wydaje się być namacalnie obecna w umyśle Artura i w ich starym domu. Jest przedstawiona jako nieco ekscentryczna (nie zastanawia się nad obudzeniem syna, aby mógł obejrzeć wschód słońca), ale głęboko życzliwa i mądra. Ona też pomaga zbliżyć do siebie dwoje kochanków, niczym wróżka chrzestna czy anioł stróż: "Kocham cię, gdziekolwiek jestem, i czuwam nad tobą" (s. 148).

Książka ma również wymiar oralny, gdyż Lauren jest zarówno damsel in distress, jak i narratorką własnej historii:

> "To, co muszę wam powiedzieć, nie jest łatwe do zrozumienia. Może wydawać się niemożliwe do zaakceptowania. Ale jeśli wysłuchacie mojej historii – jeśli będziecie skłonni mi zaufać – to może w końcu mi uwierzycie. I bardzo ważne jest, abyś ty, w szczególności, mi uwierzył. Bo nie wiedząc o tym, jesteś jedyną osobą na świecie, która może podzielić się moją tajemnicą." (p. 35)

Ponadto Levy napisał książkę z chęci opowiedzenia historii swojemu synowi, nie jako dziecku, ale jako dorosłemu, którym się stanie.

Nowatorskie podejście Levy'ego polega na nadaniu Lauren bardziej rozbudowanej roli niż damsel in distress z tradycyjnych opowieści, ponieważ odgrywa ona znaczącą rolę w opowieści i napędza akcję: w pewnym sensie to ona ratuje Artura i pomaga mu zmierzyć się z jego przeszłością.

MIŁOŚĆ I SZCZĘŚCIE

If Only It Were True przedstawia kilka rodzajów miłości, które wszystkie są równie ważne dla naszego szczęścia:

- **Miłość rodzica i dziecka.** Lilian udaje się nadal odgrywać rolę w życiu syna i nauczyć go przezwyciężać ból związany z jej śmiercią. Dzięki temu mogą być razem szczęśliwi nawet po jej śmierci. Chociaż matka Lauren kocha córkę, pozwala lekarzom przekonać ją, że eutanazja jest najlepszym rozwiązaniem, ponieważ uważa, że jej życie zakończyło się wraz ze śmiercią mózgu:

> *"Łóżko, które zajmowała Lauren, można było przekazać innemu pacjentowi, takiemu z nadzieją na przeżycie. Jeden rodzaj winy został zastąpiony innym. Po kilku godzinach pani Kline pękła." (p. 92)*

Jest to akt odwagi, ponieważ oznacza, że jej córka naprawdę umrze i już nigdy jej nie zobaczy. Jest to również akt miłości, ponieważ tylko prawdziwa miłość może dać nam siłę, aby pozwolić odejść ludziom, których kochamy.

- **Miłość między mężczyzną a kobietą.** Zarówno Artur jak i Lauren byli już wcześniej w związkach, ale żaden z nich nie był niezapomnianą miłością. Ich spotkanie i związek dowodzą, że miłość może przekroczyć śmierć, odrodzenie i granice wyobraźni.

Miłość może być sposobem na odkrycie tajemnic życia i śmierci, a także próbą, która pozwala nam w pełni docenić wagę każdej chwili. Mimo że Lauren jest wędrującą duszą, a Artur człowiekiem z krwi i kości, udaje im się skonsumować swoją miłość ("Duch Lauren został pochwycony w jego ciało, wchodząc w niego na czas uścisku, tak ulotnego i magicznego jak zaćmienie", s. 164) i doświadczyć prawdziwego szczęścia. Ponieważ śmierć może uderzyć bez ostrzeżenia, dwójka bohaterów uświadamia sobie, jak ważne jest przeżywanie każdej chwili, jakby była ich ostatnią: "Życie jest magią, Arturze, i wiem, co mówię, bo od czasu mojego wypadku doceniłem wartość każdej chwili. Więc błagam cię, wykorzystajmy jak najlepiej wszystkie sekundy, które nam zostały" (s. 209).

- **Przyjaźń. Artur** i Paul są prawdziwymi przyjaciółmi, a ich podobne dzieciństwo stworzyło między nimi nierozerwalną więź. Obaj zostali wychowani przez matki i dorastali na wsi, zanim zostali wysłani do szkoły z internatem. Dzielą też zamiłowanie do architektury, podobnie jak Levy, który również pracował w tej dziedzinie. Paul pomaga Arturowi, mimo że nie jest w pełni przekonany do opowieści o duchu. Jest mniej więcej jedynym kontaktem społecznym Artura i to on zmusza go do wyjścia z izolacji, zachęcając do działania. Relacja między tymi dwoma mężczyznami pokazuje, że przyjaźń jest jednym z kluczy do szczęścia.

MIEJSKA NIEWIDZIALNOŚĆ

Levy wykorzystuje postać Lauren, aby zilustrować niewidzialność i samotność, które wiążą się z życiem w dużym mieście. Jest samotna, ponieważ pochłania ją praca, podczas gdy Artur w pierwszej części książki wydaje się nie mieć żadnych przyjaciół poza Paulem. Matka Artura ostrzegała go przed samotnością, gdy był jeszcze dzieckiem: "Samotność to ogród, w którym kwiaty nie mają zapachu, a duch więdnie" (s. 142).

Obaj bohaterowie zaczynają być mniej samotni dopiero w drugiej części powieści, gdy opuszczają miasto i udają się do bardziej odizolowanego miejsca, jakim jest Carmel. Co więcej, to właśnie z pomocą ducha Arturowi udaje się zmierzyć z upiorami swojej przeszłości.

W tym odosobnionym miejscu dwoje samotnych bohaterów staje się kochankami, a w zaskakującym zwrocie akcji Artur nawiązuje przyjaźń z inspektorem Pilgerem. Ten niezwykle aktualny temat jeszcze bardziej umiejscawia powieść we współczesnej rzeczywistości społecznej, gdzie coraz więcej osób czuje się samotnych i niewidzialnych nawet w otoczeniu tysięcy ludzi i zgiełku miejskiego życia. W końcu Artur i Lauren odnajdują głębię i sens swojego życia dzięki miłości.

Bliższe spojrzenie ujawnia, że ta samotność jest ogólnie związana z brakiem komunikacji, co jest jednym z lęków Lauren: "Tak bardzo potrzebuję rozmowy. Tak wiele widziałam, tak wiele myślałam, tak długo byłam sama. Zgromadziłam tyle rzeczy do powiedzenia" (s. 37-38). Chociaż Artur celowo unika osobistych pytań Lauren w pierwszej części powieści, oskarżając ją o chęć wniknięcia w jego głowę, w drugiej części mówi swobodniej i znacznie dłużej. Znacząca zmiana w stosunku bohaterów do języka następuje po wyjeździe do domu w Carmel, z dala od miejskiego życia, które uniemożliwia prawidłową komunikację.

DUCHOWE POSZUKIWANIA

Powieść Levy różni się od tradycyjnych romantycznych historii tym, że przedstawia dwie postacie, które doskonale się uzupełniają, a nawet mogą być postrzegane jako nierozłączne ze sobą. Z jednej strony mamy Artura, który reprezentuje ciało i to, co fizyczne, oraz towarzyszącą temu swobodę ruchów, oraz Lauren, która jest przezroczystą, wędrującą duszą i nie potrafi obchodzić się z konkretnymi przedmiotami.

Jednak, choć nie może fizycznie wchodzić w interakcje z otoczeniem, jej wędrówki pozwalają jej lepiej zrozumieć, co tak naprawdę liczy się w życiu, a co nie:

> *"'Mogę iść i usiąść w kącie Gabinetu Owalnego i słuchać tajemnic państwowych. […]'*
>
> *Wszystko, lub prawie wszystko, było dla niej możliwe. […] Artur, uchem przyklejony do komórki, był ciekaw, czy spróbowała choć jednego z tych doświadczeń.*
>
> *'Nie, […] wczoraj po raz pierwszy spałam, odkąd to się stało. A w końcu jaki sens mają zakupy, skoro nie można niczego dotknąć?"* (s. 81).

Dopiero gdy Artur i Lauren stają się kochankami, ich umysły i ciała łączą się w idealnej harmonii, a symbioza między obiema postaciami ujawnia się "na czas uścisku" (s. 164). Ten duchowy wymiar prowadzi Lauren, uwięzioną w przestrzeni między życiem a śmiercią, do refleksji nad jej relacją z Bogiem:

> *"Czy wierzysz w Boga?*
>
> *'Nie bardzo, ale w moim stanie masz tendencję do przewartościowywania takich rzeczy. Ja też nie wierzyłem w duchy."* (p. 72)

Inną postacią kobiecą, która daje zarówno Arturowi, jak i całej książce połączenie ze światem duchowym, jest jego matka Lilian, która zmarła, gdy był dzieckiem. Uświadamia mu ona otaczający go świat i zachęca do łączenia się z nim w bezpiecznym, wspierającym środowisku: "Morze trzyma nasze spojrzenie, tak jak ziemia trzyma nasze stopy" (s. 135).

Te dwie kobiety każda kocha Artura na swój sposób i ma pewne cechy wspólne:

- Ciało, które przestało działać (w przypadku Lilian jej ciało jest pustoszone przez raka).

- Skłonność do kontemplacji: "Lauren uwielbiała ten odcinek Pacific Coast Highway między San Francisco a Monterey, uwielbiała patrzeć, jak słońce rozgrzebuje wysokie nadmorskie wzgórza i mieni się na zimnym Pacyfiku poniżej" (s. 5). To przypomina Arturowi o jego matce: "Chodź, kochanie, bo słońce dotrze tam pierwsze" (s. 136).

W związku z tym widzimy, że Lauren i Lilian mają dusze, natomiast Artur jest tylko ciałem dryfującym bez celu przez życie, czekającym na kogoś lub coś, co pobudzi go do działania. Paradoksalnie, ten impuls pochodzi od kobiety, która nie żyje i innej, która jest w śpiączce.

Ciekawe jest również to, że pod pewnymi względami Lauren i Lilian są sobowtórami siebie. Mają ten sam pierwszy inicjał i obie pomagają mężczyźnie, którego kochają. Lauren zachęca go do zmierzenia się z przeszłością i obrazem, jaki ma o swojej matce ("Nie możesz zignorować tego, co jest w walizce: złamałbyś jej zasady. Zostawiła ci ją, żebyś mógł dowiedzieć się o niej wszystkiego, rzeczy, których śmierć nie pozwoliła wam dzielić", s. 160), natomiast Lilian przychodzi z przeszłości, by pomóc mu zmierzyć się z przyszłością: "Twoje życie jest przed tobą. Tylko ty jesteś jego panem" (s. 148).

ŻYCIE I ŚMIERĆ

Przejście między życiem a śmiercią jest szybkie i nieprzewidywalne. Lauren prowadzi pracowite życie i jest pochłonięta swoją pracą. Żyje pełnią życia, a myśl o śmierci nigdy nie przychodzi jej do głowy, gdyż nie zdaje sobie sprawy z własnej śmiertelności i czuje się ponad tego typu rozważaniami. Jeden z lekarzy, który próbuje ją ratować, mówi nawet, że "po raz pierwszy w swojej karierze lekarskiej poczuł, że ta kobieta nie chce umrzeć" (s. 20). Następnie przechodzi z życia w śmierć i zostaje ożywiona przez miłość Artura, co powoduje swoiste odrodzenie.

Mimo że Artur żyje, bardziej utożsamia się ze śmiercią. Pomimo udanej kariery, nie jest szczęśliwy. Przytłaczają go wspomnienia i wycofuje się w przeszłość, co powstrzymuje go przed życiem chwilą, dopóki nie pozna Lauren i nie zda sobie sprawy, że musi przejąć kontrolę nad swoim życiem i żyć nim w pełni. Jego wysiłki, by uratować Lauren i jego związek z nią nadają jego życiu sens i cel. Dociera do niego, że "Nic nie jest niemożliwe. Ograniczenia umysłu mówią nam tylko, że pewne rzeczy są poza naszym zrozumieniem" (s. 186).

Jego droga jest więc podobna do drogi Lauren: cieszy się szczęśliwym dzieciństwem z matką, doświadcza pierwszej "śmierci" jako nastolatek, zostaje zmuszony do dojrzałości, gdy umiera jego matka, i wraca do życia, gdy poznaje i zakochuje się w Lauren. Różnica między historiami obu bohaterów polega na tym, że śmierć Lauren jest realna (choć dotyczy raczej jej mózgu niż ciała), natomiast śmierć Artura jest symboliczna, gdyż przestaje on interesować się światem żywych: stał się skorupą człowieka, bez radości życia, która napędza Lauren.

W pewnym sensie bohaterowie są swoim lustrzanym odbiciem: bez pomocy Artura Lauren prawdopodobnie nie wybudziłaby się ze śpiączki, ale bez niespodziewanego ożywienia Lauren, Artur prawdopodobnie pozostałby w stanie wegetatywnym:

> *"Teraz musisz wrócić do rzeczywistości. Spieprzyłeś sobie życie. Nie pracujesz, wyglądasz jak bezdomny w dobrą noc, jesteś cienki jak gwóźdź – wyglądasz jak uchodźca. Od tygodni nie widzieliśmy cię w biurze. Ludzie zastanawiają się nad tobą."* (str. 223-224)

Chociaż powieść zawiera elementy tragiczne, jej ton jest lekki i delikatny, a także wielokrotnie powtarza się w niej to samo przesłanie: korzystaj z życia jak najwięcej. Głęboko ludzkie postacie i wzruszająca historia sprawiły, że powieść i jej przesłanie trafiły do wielu czytelników, a książka stała się bestsellerem i została zaadaptowana na film w reżyserii Marka Watersa w 2005 roku.

DALSZA REFLEKSJA

KILKA PYTAŃ DO PRZEMYŚLENIA...

- Miłość między rodzicami a ich dziećmi obrazuje w powieści zarówno Lilian i Artur, jak i Lauren i jej matka. Skomentuj te dwie relacje.

- Co motywuje Artura, by pomóc duszy Lauren w ponownym połączeniu się z jej ciałem?

- Twoim zdaniem, dlaczego Paul zgadza się pomóc Arturowi w kradzieży ciała Lauren? Podobnie, dlaczego inspektor Pilger postanawia utrzymać tożsamość złodzieja w tajemnicy?

- Ojciec Lauren mówi: "Ograniczenia umysłu mówią nam tylko, że pewne rzeczy są poza naszym zrozumieniem" (s. 186). Omów to stwierdzenie w odniesieniu do przetrwania duszy po śmierci oraz do tytułu powieści.

- Jak wyjaśnisz fakt, że Fernstein początkowo jest niechętny operacji na Lauren, ale potem zmienia zdanie?

- Jakie wartości ludzkie podkreśla Levy w tej powieści?

- Wyobraźcie sobie, jak Artur opowiedziałby tę historię Lauren pod koniec powieści, kiedy ona obudziła się bez pamięci o nim.

- Eutanazja i wspomagane samobójstwo są legalne w niektórych krajach, takich jak Belgia i Holandia, ale nielegalne w innych, takich jak Francja i Wielka Brytania. Wykorzystując argumenty przedstawione przez matkę Lauren i Artura, przedstaw argumenty za lub przeciw eutanazji.

- Miłość jest wszechobecnym tematem w literaturze i filmie. Czy możesz podać jakieś inne przykłady historii miłosnych, które przekraczają życie i śmierć w powieściach, opowiadaniach lub filmach?

- Twoim zdaniem, co odróżnia *If Only It Were True* od innych bajek, szczególnie pod względem traktowania jej bohaterów?

DALSZE CZYTANIE

WYDANIE REFERENCYJNE

Levy, M. (2005) *If Only It Were True*. Trans. Leggatt, J. New York: Atria Books.

ADAPTACJA

Tak jak w niebie. (2005) [Film]. Mark Waters. Dir. USA: DreamWorks.

Chcemy usłyszeć od Ciebie, co się dzieje!
Zostaw komentarz na temat swojej internetowej biblioteki
i podziel się swoimi ulubionymi książkami w mediach społecznościowych!

Wydawca zapewnia o wiarygodności publikowanych informacji, co jednak nie może wiązać się z jego odpowiedzialnością.

www.50minutes.com

Master ISBN: 9782808693776
Papierowy ISBN: 9782808615174
Depozyt prawny: D/2023/12603/1797

Verhaal: © Primento

Projekt cyfrowy: Primento, cyfrowy partner wydawców.